www.ingramcontent.com/pod-product-compliance
Lightning Source LLC
Chambersburg PA
CBHW030708220526
45463CB00005B/1952
9781673941371